MINISTERIO EL REY JESÚS - FAMILIA

UNA FAMILIA CONFORME AL DISEÑO DE DIOS

GUILLERMO MALDONADO

Nuestra Misión

Llamados a traer el poder sobrenatural de Dios a esta generación.

UNA FAMILIA CONFORME AL DISEÑO DE DIOS

© 2024 por Guillermo Maldonado
Edición 2024

ISBN: 978-1-61576-0442

Todos los derechos están reservados por el Ministerio Internacional El Rey Jesús.

Esta publicación no puede ser reproducida, alterada en todo o en parte, almacenada en un sistema electrónico, o transmitida en cualquier forma o por cualquier medio, electrónico, mecánico, fotográfico, grabado, o de otra manera, sin el permiso previo por escrito del autor. A menos que se indique lo contrario, todas las citas de las Escrituras están tomadas de la versión Reina-Valera 1960 (RVR1960). Algunas citas bíblicas se han tomado de LA BIBLIA AMPLIFICADA (AMP), Copyright © 1954, 1958, 1962, 1965, 1987 por la Fundación Lockman. Todos los derechos reservados. Usado con permiso (www.Lockman.org). Como estilo editorial el Ministerio Internacional El Rey Jesús pone en mayúsculas los pronombres que se refieren al Padre, al Hijo y al Espíritu Santo; en cambio, el nombre de satanás no lo escribimos con mayúsculas. Elegimos no reconocerlo, hasta el punto de violar ciertas normas gramaticales.

Director del Proyecto: Adrián Ramírez
Editor Principal: José M. Anhuaman
Editora: Martha Anhuaman
Diseño de Portada: ERJ Media
Diseño Interior: Martha Anhuaman
Categoría: El Reino de Dios / Familia

Publicado por:
Ministerio Internacional El Rey Jesús
14100 SW 144 Ave. Miami, FL 33186
Tel: (305) 382-3171 – Fax: (305) 675-5770

Impreso en los Estados Unidos de América

ÍNDICE

Información útil para los maestros	5
Valores de nuestra casa	7
Declaración de fe	9
Objetivos	11
Introducción	13
UNIDAD 1	**15**
1. El Matrimonio es un pacto	17
2. La restauración del matrimonio	21
UNIDAD 2	**29**
3. La familia disfuncional	31
4. El perdón como estilo de vida	39
UNIDAD 3	**49**
5. El sexo en el matrimonio	51
UNIDAD 4	**59**
6. La comunicación y la amistad	61
7. El amor de Dios	69
Bibliografía	77

Información
ÚTIL PARA LOS MAESTROS

Los siguientes son algunos consejos útiles para que tanto el maestro como el alumno puedan aprovechar lo mejor de este manual. De este modo, ambos tendrán más herramientas para estudiar, cumpliendo así con el propósito del mismo.

ANTES DE EMPEZAR LA CLASE

- El maestro preguntará si hay algún estudiante nuevo.
- Tomará 2 o 3 testimonios de la clase anterior.

OBJETIVOS

Los objetivos de cada clase están diseñados para ayudarle a orientar la misma hacia un fin específico y claro. Si el maestro da su enseñanza pensando en los alumnos, le será más fácil mantener el enfoque y no permitirá que nada lo desvíe del tema central.

PASAJES BÍBLICOS

En todas las lecciones encontrará pasajes bíblicos aplicables a la clase. Algunos están completamente copiados y citados; en otros solo se toma la porción de la Escritura que sirve específicamente para la enseñanza; y en otros más, solo aparece la cita bíblica; por ejemplo (Vea Hebreos 9:12). Estas son herramientas adicionales que le ayudarán a comprender mejor el tema.

ACTIVACIÓN

Luego de terminar la clase y contestar las preguntas, el maestro debe impartir a los alumnos según el área que ha enseñado. Maestro, siéntase libre de seguir la voz del Espíritu Santo, conservando el orden divino.

En cada clase debe establecerse el patrón de El Rey Jesús, que es el siguiente:

- Presencia de Dios (Esta se atrae con oración y ayuno).
- Palabra con impartición (Se recibe de Dios en los servicios, clases, y durante el tiempo que usted dedica al estudio de la Palabra y la comunión con el Espíritu Santo).
- Almas (El maestro impartirá en cada clase el amor de Dios por los perdidos).
- Diezmos y ofrendas (No se debe incluir entre los anuncios, sino que forma parte de nuestra adoración a Dios).
- Al final de la clase, el maestro orará por las necesidades personales de los participantes. Ministrará salvación, milagros, profecía y liberación. Orará por sanidad, finanzas, familia, paz y gozo, conforme el Espíritu le guíe.
- Pedirá a los alumnos que para la siguiente clase inviten a una pareja que conozcan, especialmente si están enfrentando problemas conyugales o familiares.

Valores de nuestra casa

Este manual contiene enseñanzas bíblicas y revelación del Espíritu Santo de Dios para la edificación y transformación de las personas que la reciben. Es nuestra oración que ésta sea una valiosa herramienta en las manos de pastores, líderes y creyentes en todas partes del mundo, para que juntos expandamos el Reino de Dios, proclamando que Jesucristo es el Señor para la gloria de Dios Padre.

Apóstol Guillermo Maldonado

La visión está fundamentada o sostenida por los valores del Reino. De otra manera, no seguiría el diseño de Dios. Los valores que sostienen nuestra casa son:

1. **Dios.** Creemos que es un Dios trino: Dios Padre, Dios Hijo y Dios Espíritu Santo, el cual es uno. A Él amamos con toda nuestra alma, espíritu y mente, y con todas nuestras fuerzas. Él es la prioridad de nuestro amor, obediencia y adoración, sobre todas las cosas.

   Amarás al Señor tu Dios con todo tu corazón, y con toda tu alma, y con todas tus fuerzas, y con toda tu mente; y a tu prójimo como a ti mismo. (Lucas 10:27)

2. **La familia.** Creemos en la familia como un eslabón principal en el Reino de Dios. Solo creemos en el matrimonio entre un hombre y una mujer. (Vea Génesis 1:27).

3. **El valor de la Palabra de Dios.** Creemos en las Escrituras como la verdad absoluta, total e inspirada por Dios, que es el fundamento para nuestra vida (vea 2 Timoteo 3:16). Nos comprometemos a ponerla por obra. (Vea Santiago 1:22).

4. **Creemos también que el Reino de Dios** es el gobierno invisible, absoluto y verdadero de Dios. Hacer su voluntad es nuestra pasión y deseo. Creemos y practicamos sus valores, principios, mentalidad y leyes. (Vea Hebreos 12:28).

5. **Pasión por el progreso.** El deseo de Dios es que prosperemos en todo. Por eso, el crecimiento constante es un valor para nosotros; madurar, progresar, ir a otras dimensiones y niveles de visión, fe, unción, gloria y bendición. (Vea 3 Juan 1:2).

6. **El valor de la transferencia generacional.** Creemos que nuestro Dios es un Dios trigeneracional: el Dios de Abraham, de Isaac y de Jacob, y que los padres tienen la habilidad y la gracia de impartir a sus hijos espirituales y naturales, todo aquello que hayan alcanzado: herencia material, emocional y espiritual. (Vea, por ejemplo, Éxodo 3:15; Deuteronomio 30:19; Lucas 1:50).

7. **El propósito.** Creemos que todo ser humano fue creado por Dios y nació con un propósito. Cuando descubre su propósito y lo desarrolla, deja un legado en la tierra. Entonces puede decirse que esa persona tuvo éxito en la vida. (Vea Eclesiastés 3:11).

8. **El carácter de Cristo.** Creemos que la meta de todo hombre y mujer en la tierra es, cada día, formar más el carácter de Jesús en su vida. Es decir, ser lleno de bondad, integridad, humildad, temor de Dios, santidad y madurez. Creemos que Jesús es nuestro modelo, al cual tenemos que imitar, honrar, glorificar, adorar y seguir. (Vea Romanos 8:29).

Declaración de fe

La Biblia. Creemos que la Biblia es la Palabra de Dios inspirada, infalible e inmutable, desde Génesis hasta Apocalipsis. (Vea 2 Timoteo 3:16).

Dios en tres personas. Creemos en Dios Padre, Dios Hijo y Dios Espíritu Santo, y que los tres son uno. (Vea 1 Juan 5:7).

La deidad de Jesucristo. Creemos que Jesucristo es el Unigénito Hijo de Dios, nacido de una mujer virgen; que fue crucificado, murió y resucitó al tercer día; ascendió a los cielos y ahora está sentado a la diestra de Dios el Padre. (Vea, por ejemplo, Isaías 7:14; Lucas 1:30-35; Hechos 2:32-36).

La salvación. Creemos que la salvación se obtiene por medio del arrepentimiento y la confesión de pecados; es dada por gracia divina (no por obras) y se recibe por la fe en Cristo Jesús; pues Él es el único mediador entre Dios y los hombres. (Vea, por ejemplo, Hechos 4:11-12; Efesios 2:8; 1 Timoteo 2:5).

La resurrección de los muertos y la vida eterna. Creemos en la segunda venida de Cristo por su pueblo, que todos los muertos resucitarán (salvos y no salvos), que los cristianos que estén vivos serán arrebatados por Jesús, y que todos pasarán por el juicio de Dios. Los creyentes tendrán vida eterna con Jesús y comparecerán ante el tribunal de Cristo, mientras que los incrédulos resucitarán para condenación eterna y serán juzgados en el Gran Trono Blanco de Dios. (Vea, por ejemplo, Daniel 12:1-2; 1 Tesalonicenses 4:13-17; Romanos 14:10; Apocalipsis 20:11-15).

La santificación. Creemos en la santificación como una obra instantánea en el espíritu, pero que debe ser desarrollada progresivamente en el alma y en el cuerpo de todo hijo de Dios. (Vea, por ejemplo, Hebreos 12:14; Romanos 6:19-22).

Creemos en el bautismo en el cuerpo de Cristo, por el cual la persona acepta a Jesús, tiene un nuevo nacimiento, forma parte del cuerpo de Cristo y tiene vida eterna. (Vea 1 Corintios 12:27).

Creemos en el bautismo en aguas, como símbolo de identificación con la muerte al pecado, y con la resurrección de Jesús para vida eterna. (Vea Romanos 6:4).

Creemos en el bautismo en el Espíritu Santo, con la evidencia de hablar en otras lenguas, y que a través de este bautismo se recibe el poder para ser testigo de Jesús por todo el mundo. (Vea, por ejemplo, Hechos 1:8; 2:4).

La imposición de manos. Creemos que esta es una de las maneras de transmitir bendición, sanidad y poder de Dios, de un ser humano a otro. (Vea, por ejemplo, Hechos 8:15-17; 1 Timoteo 4:14; 2 Timoteo 1:6).

Los cinco ministerios. Creemos en los cinco ministerios de Efesios 4:11, como los dones dados por Dios al cuerpo de Cristo. (Vea Efesios 4:11-12).

Los ministerios gubernamentales. Creemos que el apóstol y el profeta son ministerios gubernamentales que establecen el fundamento y la doctrina bíblica de la iglesia. (Vea Efesios 2:20; 3:5).

El gobierno apostólico. Creemos en establecer el gobierno apostólico en la iglesia local, con un apóstol como cabeza, un profeta como parte del gobierno, ministros y ancianos. (Vea, por ejemplo, Efesios 4:11 y Hechos 14:23).

El Reino de Dios. Creemos en el Reino de Dios como gobierno y en la persona de Jesús como Rey, como dos verdades absolutas y máximas. (Vea, por ejemplo, Juan 3:3; Hechos 8:12; Romanos 5:17; Hebreos 12:28).

El poder sanador y liberador del Reino. Creemos en el poder del Reino para sanar a todos los enfermos, echar fuera demonios y hacer milagros, maravillas, señales y prodigios. (Vea, por ejemplo, Marcos 1:32-34; Juan 14:12; Mateo 12:28).

La fe. Creemos que sin fe es imposible vivir una vida agradable a Dios, y que por ella se heredan las promesas. (Vea Hebreos 6:12; 11:6).

Predicar el evangelio. Creemos en expandir el evangelio del Reino de forma local, nacional y mundial, por todos los medios disponibles. (Vea Mateo 24:14).

Objetivos

La Biblia nos enseña que el pueblo perece por falta de conocimiento, y no es la intención de Dios que usted fracase. Estos son los objetivos más importantes de este manual:

1. Hacer conciencia del verdadero significado e importancia de un pacto matrimonial, para que el temor de Dios se establezca en cada hogar, eliminando así toda opción al divorcio.

2. Que cada pareja pueda aprender las funciones y roles que cada uno tiene en el matrimonio y el hogar. Esto les ayudará a desarrollar una relación saludable en todas las áreas, y cumplir el propósito para el cual fuimos creados.

3. Conocer qué es una familia disfuncional y los daños que provoca a cada individuo en el seno familiar.

4. Aprender a perdonar a quienes nos hacen daño, para no permitir que el enemigo tome ventaja de nosotros, ni de nuestros hijos.

5. Que las parejas puedan traer orden a su vida íntima, según los parámetros del sexo establecidos por Dios, y el propósito por el cual Él nos creó.

6. Enriquecer la comunicación dentro del hogar y conocer los beneficios que nos ofrece una comunicación saludable.

7. Recibir revelación del amor de Dios en nuestras vidas, principalmente dentro del matrimonio y del hogar.

Introducción

Vivimos en una sociedad donde los valores morales se han ido degradando y perdiendo a pasos agigantados. Como consecuencia, el matrimonio y la familia no tienen hoy, para esta sociedad, la importancia que deben tener. La tasa de divorcios en Estados Unidos y el mundo ha aumentado considerablemente; lo más triste es que los cristianos también forman parte de estas estadísticas.

Según Génesis 2:18, el hombre no fue creado por Dios para vivir aislado, sino para tener compañía. El matrimonio y la familia no son creaciones humanas, sino divinas. Por lo tanto, el hombre no puede modificarlas ni anularlas. La familia es la célula fundamental de la sociedad. Aquí no me refiero solo a los miembros que la componen, sino también al conjunto de relaciones interpersonales que surgen al interior y alrededor de ella.

Por ser la familia una institución insustituible, debe se defendida con vigor. Recordemos que la familia ocupa el centro mismo del bien común. En ella se concibe y nace el individuo, quien a su vez carga la semilla que, a su debido tiempo, formará su propia familia y se multiplicará conforme al plan de Dios.

Este manual será para usted de gran valor siempre que aplique en su hogar las enseñanzas aquí contenidas, porque están basadas en la palabra de Dios. Oro para que las verdades que usted reciba las pueda aplicar en su diario vivir, y que las generaciones futuras sean como Dios las diseñó desde el principio.

Aférrese a estas enseñanzas, practíquelas y verá cambios radicales en su vida personal y en su entorno familiar.

Dios les bendice,

Apóstol Guillermo Maldonado
Ministerio Internacional El Rey Jesús
Miami, Florida - EE. UU.

Unidad 1

PROGRAMA DE CADA UNIDAD

- **15 min** Adoración
- **1 Hora** Enseñanza
- **30 min** Ministración
- **05 min** Llamado
- **05 min** Ofrenda
- **05 min** Anuncios y despedida

TOTAL: **2 Horas**

CLASE 1

El matrimonio es un pacto

Esta enseñanza fue dada por Dios al Apóstol Guillermo Maldonado, con el fin de transformar las vidas de quienes la reciben. El maestro se debe adherir a los objetivos de la clase, enseñando el tiempo previamente establecido.

El matrimonio es un pacto

El mayor problema de la sociedad de hoy es que no tiene temor de Dios. Por esta razón los matrimonios se divorcian fácilmente. Lo que vamos a compartir a continuación, es el fundamento del estudio acerca de la familia. Este se basa en una palabra clave: **PACTO**. Muchas personas se casan sin conocer lo que es el pacto matrimonial. Para entender mejor este concepto, veamos primero qué es un contrato:

Un contrato es un acuerdo documentado entre dos o más personas que se comprometen acerca de algo. El contrato tiene estipulaciones concretas. Se alcanza el acuerdo cuando hay una ratificación del documento mediante las firmas de las partes. De esta manera, los involucrados quedan ligados a las estipulaciones del contrato.

Ahora veamos lo que es un pacto.

Un pacto incluye un contrato, pero tiene un concepto más amplio; porque, además de un documento formal y legal, el pacto incluye relaciones. Un contrato no requiere que haya una relación personal entre las partes para firmar el acuerdo. Por ejemplo, al hacer un negocio, uno no tiene que caerle bien a la otra parte para firmar el contrato. La finalidad es simplemente hacer la negociación. En cambio, el pacto es diferente, pues debe existir una relación para poder ser ratificado.

LOS INGREDIENTES DE UN PACTO MATRIMONIAL SON:

1. **Una relación legal establecida por Dios.**

   *¹⁴ Mas diréis: "¿Por qué?". Porque Jehová es testigo entre ti y la mujer de tu juventud, con la cual has sido desleal, aunque ella era tu compañera y la mujer de tu pacto. **(Malaquías 2:14)***

   *⁶ Así que no son ya más dos, sino una sola carne; por tanto, lo que Dios juntó no lo separe el hombre. **(Mateo 19:6)***

2. El pacto matrimonial funciona bajo autoridad.

Dios es la máxima autoridad en un matrimonio y todo el mundo debe estar sujeto a ella. El orden de autoridad es el siguiente:

³ Pero quiero que sepáis que Cristo es la cabeza de todo varón, y el varón es la cabeza de la mujer, y Dios es la cabeza de Cristo. **(1 Corintios 11:3)**

3. El rompimiento de un pacto divino conlleva muerte.

Cuando una persona rompe un pacto divino, el pago de ese rompimiento es la muerte inmediata.

¹⁶ Y mandó Jehová Dios al hombre, diciendo: De todo árbol del huerto podrás comer; ¹⁷ pero del árbol del conocimiento del bien y del mal no comerás, porque el día que de él comas, ciertamente morirás. **(Génesis 2:16-17)**

¿HAY UNA BASE BÍBLICA PARA DIVORCIARSE?

⁹ Y yo os digo que cualquiera que repudia a su mujer, salvo por causa de fornicación, y se casa con otra, adultera; y el que se casa con la repudiada, adultera. **(Mateo 19:9)**

ACTIVACIÓN

- Pedirse perdón el uno al otro por las ofensas.
- Tomar la Santa Cena como símbolo de la renovación del pacto con Dios y con su cónyuge.

CLASE 2

La restauración del matrimonio

**ROLES O FUNCIONES DEL HOMBRE
Y LA MUJER EN EL HOGAR**

Esta enseñanza fue dada por Dios al Apóstol Guillermo Maldonado, con el fin de transformar las vidas de quienes la reciben. El maestro se debe adherir a los objetivos de la clase, enseñando el tiempo previamente establecido.

La restauración del matrimonio

Hoy en día, la mayor parte de parejas se casan sin conocer ni entender sus funciones y roles en el hogar. Esto equivale a querer pilotear un avión sin recibir el entrenamiento apropiado. Es asumir una responsabilidad para la cual no se está preparado. Sin embargo, las parejas no toman en serio esta parte. Creen que con el amor que sienten el uno por el otro, todo va a salir bien, y no se preparan para un compromiso de tan grande magnitud; por eso fracasan. Comencemos por conocer los roles o funciones de cada una de las partes del pacto matrimonial.

¿QUÉ ES UN ROL O FUNCIÓN?

Es la tarea, trabajo o responsabilidad asignada por Dios, con el fin de que Su reino avance en la tierra.

¿CUÁLES SON LAS FUNCIONES DEL HOMBRE EN EL HOGAR?

1. El hombre debe amar a su mujer y a su familia.

2. El hombre es el sacerdote espiritual del hogar.

    ³ Pero quiero que sepáis que Cristo es la cabeza de todo varón, y el varón es la cabeza de la mujer, y Dios la cabeza de Cristo. ⁴ Todo varón que ora o profetiza con la cabeza cubierta, afrenta su cabeza. **(1 Corintios 11:3-4)**

3. El hombre es el responsable de proveer materialmente para el hogar.

    ⁸…Porque si alguno no provee para los suyos, y mayormente para los de su casa, ha negado la fe, y es peor que un incrédulo. **(1 Timoteo 5:8)**

4. El hombre es responsable de cultivar y desarrollar el propósito de Dios para cada miembro de su familia y llevarlo a su destino.

5. El hombre es el responsable de dejar una herencia espiritual y financiera a sus hijos. Ambas herencias son muy importantes. Nuestro Padre celestial es un Dios tri-generacional. Él es el Dios de Abraham, de Isaac y de Jacob.

¿CUÁLES SON LAS FUNCIONES O ROLES DE LA MUJER EN EL HOGAR?

1. La mujer debe ser la ayuda idónea de su marido.

   *^{18} Y dijo Jehová Dios: No es bueno que el hombre esté solo; le haré ayuda idónea para él. (**Génesis 2:18**)*

   ¿Qué significa la palabra ayuda?

   Ayuda es la palabra hebrea **"ezer"**, que significa cercar, rodear, proteger, socorrer y auxiliar, sobre todo en momentos de crisis.

   Dios creó a la mujer para que rodee, cerque y socorra al hombre, especialmente en momentos de crisis.

   ¿Cómo lo hace?

   La mujer cerca, rodea y ayuda a su esposo, primeramente en oración e intercesión.

   Es importante aclarar que, si bien la mujer debe ayudar y trabajar junto a su esposo, eso no significa que deba hacer el trabajo del hombre.

2. La mujer debe respetar al esposo.

   *^{33} Por lo demás, cada uno de vosotros ame también a su mujer como a sí mismo; y la mujer respete a su marido. (**Efesios 5:33**)*

3. La mujer debe admirar a su esposo.

4. La mujer es responsable de someterse en amor a su esposo.

5. La mujer es responsable de cumplir sexualmente con su esposo.

   Pero, recordemos que el hombre es responsable de amar a su mujer.

*²⁵ Maridos, amad a vuestras mujeres, así como Cristo amó a la iglesia, y se entregó a sí mismo por ella... **(Efesios 5:25)***

²⁸ Así también los maridos deben amar a sus mujeres como a sus mismos cuerpos. El que ama a su mujer, a sí mismo se ama. **(Efesios 5:28)**

EL AMOR ES UN MANDAMIENTO

¹² Éste es mi mandamiento: Que os améis unos a otros, como yo os he amado. **(Juan 15:12)**

TRES FORMAS COMO EL ESPOSO PUEDE EXPRESAR AMOR HACIA SU ESPOSA

- Verbalmente: es decir con palabras.

- Con toques físicos: caricias, abrazos y besos.

- Conociendo el lenguaje de amor de su esposa, y atendiendo específicamente lo que ella necesita; no haciendo lo que él quiere ni lo que le resulta más fácil.

---

*Cuando la mujer es amada por su marido,
se siente protegida y segura.*

LA MUJER DEBE SOMETERSE A SU MARIDO

²² Las casadas estén sujetas a sus propios maridos, como al Señor... **(Efesios 5:22)**

²⁴ Así que, como la iglesia está sujeta a Cristo, así también las casadas lo estén a sus maridos en todo. **(Efesios 5:24)**

Aclaremos algunos conceptos acerca de la sumisión:

1. La sumisión no tiene que ver con desigualdad o inferioridad.

2. Mujer, el hecho de someterse a su esposo no significa que usted es una alfombra que todos pueden pisotear, o que es inferior a él.

3. Que la mujer esté sometida a su esposo no significa que tiene que estar de acuerdo con él en todo. Significa que reconoce la posición de él como cabeza del hogar para cumplir el plan que Dios le ha dado a su familia.

Somos iguales en esencia, pero cumplimos funciones diferentes.

¿Qué es sumisión bíblica?

Sumisión: es ser enseñable y adaptable ante una autoridad. Significa responder bien al amor de alguien.

¿CUÁL DEBE SER EL ORDEN DE AUTORIDAD BÍBLICO EN EL HOGAR, LA IGLESIA Y CUALQUIER OTRO LUGAR?

³ Pero quiero que sepáis que Cristo es la cabeza de todo varón, y el varón es la cabeza de la mujer, y Dios la cabeza de Cristo. **(1 Corintios 11:3)**

➤ Dios Padre es la cabeza de Cristo.

➤ Cristo es la cabeza de todo varón.

➤ El varón es la cabeza de la mujer.

➤ La mujer es la cabeza de los hijos.

¿HASTA QUÉ PUNTO DEBE SOMETERSE LA MUJER A SU MARIDO?

²² Las casadas estén sujetas a sus propios maridos, como al Señor, ²³ porque el marido es cabeza de la mujer, así como Cristo es cabeza de la iglesia, la cual es su cuerpo, y él es su Salvador. ²⁴ Así que, como la iglesia está sujeta a Cristo, así también las casadas lo estén a sus maridos en todo. **(Efesios 5:22-24)**

"En todo". "Como al Señor". Mujer, este punto es clave, porque cuando el esposo se aparta del Señor, automáticamente **abdica** como cabeza del hogar.

¿CUÁLES SON LAS DOS ÁREAS EN LAS CUALES LA MUJER NO DEBE NI PUEDE SOMETERSE?

- Cuando el hombre le pide a su mujer que haga o diga algo que su conciencia rechaza o la hace sentir mal.

- Cuando el hombre deja de ser la cabeza. Esto es, cuando se aparta del Señor y compromete la palabra de Dios.

¿POR QUÉ A LA MUJER SE LE HACE DIFÍCIL SOMETERSE?

- Por abuso de autoridad en el pasado. Cuando la mujer ha visto el maltrato de su padre hacia su madre, o cualquier otro abuso de una figura de autoridad en su vida, entonces se le hace difícil someterse. ¿Cuál es la solución? La liberación y la sanidad interior.

- Por la maldición del pecado original.

¿CÓMO PUEDE UNA ESPOSA SOMETERSE A UN ESPOSO QUE AÚN NO HA TOMADO SU POSICIÓN DE CABEZA?

[1] Asimismo vosotras, mujeres, estad sujetas a vuestros maridos, para que también los que no creen a la palabra sean ganados sin palabra por la conducta de sus esposas... **(1 Pedro 3:1)**

Conducta es la manera o actitud con la que una persona actúa; es la forma de proceder de una persona. Es la manera o patrón de comportamiento personal, basada en principios morales.

Unidad 2

PROGRAMA DE CADA UNIDAD

- **15 min** Adoración
- **1 Hora** Enseñanza
- **30 min** Ministración
- **05 min** Llamado
- **05 min** Ofrenda
- **05 min** Anuncios y despedida

TOTAL: **2 Horas**

CLASE 3

La familia disfuncional

Esta enseñanza fue dada por Dios al Apóstol Guillermo Maldonado, con el fin de transformar las vidas de quienes la reciben. El maestro se debe adherir a los objetivos de la clase, enseñando el tiempo previamente establecido.

La familia disfuncional

Una familia disfuncional es aquella donde el comportamiento inadecuado e inmaduro de uno o ambos padres, inhibe el crecimiento de la individualidad y la capacidad de relacionarse sanamente con los otros miembros de la familia. Sus miembros están enfermos psicológica, emocional y espiritualmente. Por lo tanto, todos los miembros de esa familia inevitablemente se ven afectados, aunque solo un miembro de la familia experimente el problema.

*29 El que turba su casa heredará vientos; y el necio será siervo del sabio de corazón. **(Proverbios 11:29)***

¿CÓMO ES UNA FAMILIA FUNCIONAL?

Familia funcional es una que "funciona bien". En ella, el comportamiento adecuado y maduro de los padres produce un equilibrio saludable entre los individuos y su capacidad para relacionarse entre ellos. En una familia funcional se inspira el sano crecimiento emocional, psicológico y espiritual de todos los miembros, de manera que, aunque enfrenten problemas, tengan la capacidad para enfrentarlos con confianza y con el apoyo de los demás miembros.

MIEMBROS DE LA FAMILIA DISFUNCIONAL

LOS PADRES

- ***El padre problemático:*** tiene un comportamiento inadecuado, inmaduro y destructivo, que afecta a los miembros de la familia.

- ***El padre pasivo:*** permite que el comportamiento inadecuado continúe, no establece límites afectando así al resto de la familia.

LOS HIJOS

- ***El hijo súper responsable:*** Es el héroe de la casa. Gracias a sus logros extraordinarios trata de resolver los problemas familiares y contribuir a una imagen positiva de la familia. Aunque recibe una atención positiva, a menudo desarrolla conductas perfeccionistas y compulsivas.

- ***El hijo rebelde:*** Por su comportamiento rebelde, negativo e incontrolable desvía la atención de los problemas familiares hacía él. Consume mucho tiempo y energía de los miembros de la familia. Con frecuencia desarrolla patrones de vida autodestructivos.

- ***El hijo sensible y retraído:*** Espera que los problemas y dificultades familiares desaparezcan solos. Evita llamar la atención, ya que a menudo es solitario y retraído.

- ***El hijo gracioso e insolente:*** Es el "payaso" que usa el buen humor para desviar la atención de los problemas familiares. Con frecuencia es hiperactivo y busca ser el centro de atención.

PAPELES INVERTIDOS

Hace un tiempo los hijos hacían todo lo que podían para complacer a sus padres. Hoy en día, los padres hacen todo lo posible para complacer a sus hijos. Esto demuestra que no hay comunicación respetuosa ni positiva entre padres e hijos. Los padres no alcanzan a ver a sus hijos mayores como adultos, por eso los sobreprotegen, trayendo disfunción en el papel de los miembros de la familia.

Si usted creció en una familia disfuncional y siente que ahora está repitiendo muchos de los patrones del pasado:

- Identifique qué patrones de conducta debe cambiar para lograr la salud emocional de su familia.

- Hable con Dios y comuníquele a sus familiares más cercanos que va a abandonar los patrones infantiles y enfermizos, y pídales que le ayuden a monitorear sus avances.

TIPOS DE FAMILIA DISFUNCIONAL

La familia caótica: En este tipo de familia los miembros están mal organizados, viven llenos de problemas, inconsistencias e indecisiones. Los hijos están abandonados emocionalmente, y como resultado los miembros de la familia permanecen desconectados. (Vea Proverbios 28:2)

La familia controladora: Está rígidamente estructurada y la comunicación es autoritaria. Los padres tienden a juzgar y criticar, los hijos están centrados en hacer tareas y su valor depende de su productividad. Como resultado los miembros de la familia son temerosos e insensibles. (Vea Efesios 6:4)

La familia permisiva: Carece de autoridad paterna, sobreprotege los sentimientos y coloca a los hijos en el foco de atención. Como resultado, los miembros de esa familia son indisciplinados. (Vea Proverbios 13:24)

La familia codependiente: Los miembros son conformistas y carecen de dirección. Los padres son posesivos, reprimen a sus hijos emocional y psicológicamente. Como resultado, los miembros de la familia son inseguros. (Vea Deuteronomio 6:5)

LA FAMILIA FUNCIONAL ES UNA FAMILIA QUE CULTIVA Y EDIFICA

Los padres sostienen la estructura, edificación y disciplina de la familia en base a responsabilidad individual. Cada miembro sabe cuál es su papel. Se fomenta el amor y la obediencia a Dios. Los hijos se sienten amados y seguros de ellos mismos. Como resultado, las relaciones familiares son equilibradas.

> *⁷ Y comeréis allí delante de Jehová nuestro Dios, y os alegraréis, vosotros y vuestras familias, en toda obra de vuestras manos en la cual Jehová tu Dios te hubiere bendecido.* **(Deuteronomio 12:7)**

> *⁶ Y pasando Jehová por delante de él, proclamó: ¡Jehová! ¡Jehová!... ⁷ que guarda misericordia a millares, que perdona la iniquidad, la rebelión y el pecado, y que de ningún modo tendrá por inocente al malvado; que visita la iniquidad de los padres sobre los hijos y sobre los hijos de los hijos, hasta la tercera y cuarta generación.* **(Éxodo 34:6-7)**

Somos producto de lo aprendido, de lo que hemos oído, visto y de lo que nos han enseñado nuestros antepasados. El pasado no se puede cambiar, pero si podemos cambiar nuestra actitud hacia el futuro. Haber tenido un pasado disfuncional no es excusa para hacer lo mismo y seguir igual. Una vez que Cristo vive en usted, Él llena sus necesidades de amor incondicional, le da significado y seguridad a su vida, aunque su origen familiar haya sido disfuncional. Dependa de Dios para que lo libere y capacite en el aprendizaje de formas saludables de relacionarse con el resto de su familia. Hoy podemos acabar con esa maldición y permitir que las familias funcionales produzcan familias funcionales en Cristo Jesús!

*²⁶ En el temor de Jehová está la fuerte confianza y esperanza tendrán sus hijos. **(Proverbios 14:26)***

ROMPA LAS CADENAS DEL PASADO

La historia de José que se relata en Génesis es el retrato bíblico de lo que Dios puede hacer en una familia disfuncional, cuando uno de sus miembros se rinde a Dios.

- En Génesis 37 vemos la familia disfuncional de José, con falta de comunicación, favoritismo, celos, deshonestidad, enojo, venganza, deslealtad y temor.

- En Génesis 39 al 41 vemos que José se rinde al Señor, se somete a Su voluntad, obedece Su autoridad, es fiel, honesto, humilde, confiable, moralmente puro y perseverante.

- En Génesis 42 vemos que José responde a su familia siendo perdonador, generoso y honorable.

- En Génesis 50 vemos que José le responde a Dios siendo sumiso, teniendo confianza y siendo agradecido, pero también vemos la respuesta de Dios hacia José.

*²⁰ Vosotros pensasteis mal contra mí, más Dios lo encaminó a bien, para hacer lo que vemos hoy y para mantener en vida a mucho pueblo. **(Génesis 50:20)***

DEJE ATRÁS EL PASADO

El apóstol Pablo dice: *"Pero una cosa hago: olvidando ciertamente lo que queda atrás, y extendiéndome a lo que está delante"* (Filipenses 3:13).

Agradezca a Dios por lo que ha aprendido de su pasado. Él le revelará qué le causa dolor, lo sanará y usará el dolor de forma positiva. Deje atrás todo resentimiento y decida hacer del perdón un estilo de vida. Considere las consecuencias de la falta de perdón. A través de la oración, Dios le revelará, dará sabiduría y entendimiento sobre cómo cambiar sus patrones de conducta negativa.

Descanse reconociendo que Dios está en control de todo. Sométase y confíe en Él. Cristo es el Señor y siempre debe ocupar el primer lugar en su vida. Acepte Su amor y perdón. Permita que Él lo dirija en todo lo que hace y dice, para que Su presencia esté de continuo en usted.

PONGA SUS PROPIOS LÍMITES

- Defina quién es usted: "<u>Soy</u> un(a) hijo(a) de Dios".
- Defina quién no es usted: "<u>No soy</u> una posesión del diablo".
- No permita que lo(a) manipulen o maltraten.
- Deje de sentirse víctima: "Soy <u>adulto</u>, ya no estoy indefenso".
- No culpe a otros: "Soy <u>responsable</u> de mi comportamiento".
- Aprenda a decir: "<u>No</u>".

    ¹⁰ Pues, ¿busco ahora el favor de los hombres, o el de Dios? ¿O trato de agradar a los hombres? Pues si todavía agradara a los hombres, no sería siervo de Cristo. **(Gálatas 1:10)**

- Por último, dedique tiempo de calidad para restaurar las relaciones familiares, a fin de que sean saludables.
- Dé el primer paso para reconstruir y restaurar las relaciones.
- Esté dispuesto a pasar tiempo de calidad para desarrollar relaciones familiares saludables.
- Sea generoso y derrame gracia sobre quienes tienen actitudes y conductas negativas.
- Permita que Dios lo use como un canal de Su amor incondicional.

EDIFIQUE EL FUTURO DE SU FAMILIA

- Trate a todos con amor y respeto. (1 Corintios 16:14)
- Ejercite su dependencia de Dios. (Proverbios 3:5-6)
- Respete la singularidad de cada miembro de su familia. (1 Corintios 12:14-17)
- Requiera que todos los miembros de su familia se responsabilicen de sus actos. (Gálatas 6:4-5)
- Fomente la cercanía y también la individualidad. (1 Corintios 12:4-7)
- Mantenga consistencia en los mensajes que comunica. (Santiago 3:10-13)
- Practique la disciplina correcta. (Proverbios 13:24)

CLASE 4

El perdón como estilo de vida

Esta enseñanza fue dada por Dios al Apóstol Guillermo Maldonado, con el fin de transformar las vidas de quienes la reciben. El maestro se debe adherir a los objetivos de la clase, enseñando el tiempo previamente establecido.

El perdón como estilo de vida

La falta de perdón es una pandemia que afecta también a la iglesia de Jesucristo. Es una puerta abierta para que al enemigo entre a destruir nuestra vida espiritual, emocional y física. Muchas veces las personas dicen haber perdonado a su ofensor, pero el peso y la amargura de las ofensas recibidas siguen esclavizando su corazón. Entonces, ¿qué es realmente "perdonar a aquellos que nos ofenden", y cómo nos damos cuenta que hemos perdonado? Estas y otras dudas serán contestadas en esta enseñanza.

¿QUÉ NO ES PERDONAR?

Perdonar no es esforzarse por olvidar lo sucedido, negar la ofensa recibida, esperar que el tiempo borre el dolor, ignorar lo que pasó, ni disculpar de palabra al ofensor. La falta de perdón mantiene preso a quien lo ofendió. A diario lo castiga con rencor y pensamientos de venganza. Esto carcome el corazón y lo llena de amargura, porque el corazón del hombre fue creado para amar, no para odiar o albergar rencor o resentimiento.

¿QUÉ ES PERDONAR?

Perdonar es "liberar o dejar ir" a la persona que nos ofendió o nos causó daño. Es cancelar la deuda pendiente que el ofensor tiene con uno. Es tomar la decisión de levantar los cargos que tenemos contra esa persona, como un acto voluntario no basado en las emociones.

> *35 Así también mi Padre celestial hará con vosotros si no perdonáis de todo corazón cada uno a su hermano sus ofensas.*
> ***(Mateo 18:35)***

El perdón no es una alternativa, sino un mandato del Señor.

¹⁴ Porque si perdonáis a los hombres sus ofensas, os perdonará también a vosotros vuestro Padre celestial. **(Mateo 6:14)**

La falta de perdón es una carnada del enemigo.

⁶ Y cualquiera que haga tropezar a alguno de estos pequeños que creen en mí, mejor le fuera que se le colgase al cuello una piedra de molino de asno, y que se le hundiese en lo profundo del mar. ⁷ ¡Ay del mundo por los tropiezos! porque es necesario que vengan tropiezos, pero ¡ay de aquel hombre por quien viene el tropiezo! **(Mateo 18:6-7)**

Jesucristo dijo que era necesario que las ofensas vinieran. La palabra **ofensa** proviene del griego "skándalon", que significa trampa o carnada. Esta palabra fue usada en la antigüedad para describir un vástago curvado, una vara flexible con una carnada en la punta, que se usaba para cazar animales.

En otras palabras, cada vez que alguien le ofende o le hiere, el enemigo usa esto como trampa para cazarlo y meterlo en una cárcel de amargura y lograr que pierda su bendición. Nosotros, los creyentes, debemos aprender a cubrir las ofensas por medio del amor. La Palabra dice que el amor cubre multitud de pecados. Recuerde que cuando se siente ofendido, el problema no siempre es la otra persona. A veces es usted mismo. ¿Cuál es la raíz de la ofensa? ¿Por qué somos tan susceptibles a las ofensas? ¿Por qué somos tan fáciles de ofender? Por la inseguridad y la inmadurez. Esto hace que los individuos se ofendan fácilmente y tomen todo de forma personal, aun cuando las personas no hayan tenido intención de ofenderle.

LA FALTA DE PERDÓN

La falta de perdón nos lleva al resentimiento. Éste, a su vez, genera raíces de amargura que origina el odio, el cual cauteriza la conciencia.

Falta de perdón ▶▶ Raíces de amargura ▶▶ Odio ▶▶ Cauterización de la conciencia

¿CÓMO PERDONAR Y OLVIDAR LA OFENSA?

Dios perdona y olvida. Él tiene la capacidad de borrar de nuestra memoria las heridas del pasado, pero nosotros no tenemos esa capacidad. Por eso, debemos dejar que Dios trate con nuestro corazón. Cuando hemos perdonado sinceramente, si recordamos lo que nos pasó, ya no sentimos dolor.

PASOS PARA PERDONAR

1. Tome la decisión de perdonar de todo corazón.

Si usted espera sentir el deseo de perdonar, nunca lo hará. El perdón no es un sentimiento sino una decisión; es comprometerse a obedecer a Dios y Su Palabra.

2. Haga una lista de personas a perdonar.

Prepare una lista de personas que necesita perdonar. Incluya situaciones, palabras y hechos que lo han herido durante toda su vida.

3. Arrepiéntase por guardar rencor en su corazón.

La palabra de Dios nos ordena desechar todo resentimiento, amargura y odio; además nos lleva a reconocer la falta de perdón y el pecado de juicio contra otros.

4. Exprese su perdón de forma verbal.

[16] Confesaos vuestras ofensas unos a otros y orad unos por otros, para que seáis sanados. La oración eficaz del justo puede mucho. ***(Santiago 5:16)***

5. Renuncie a la falta de perdón.

Renuncie a todo espíritu de resentimiento, amargura, odio y falta de perdón. Confiese su perdón a cada una de las personas que no ha perdonado, especificando las razones por las que tiene que perdonarlas. Para perdonar, repita esta oración en voz alta y con todo su corazón:

"Señor, yo perdono a (nombre a la persona). Le perdono por (diga detalladamente todas las heridas y el dolor que esa persona le causó y cómo se sintió)".

Después de haber perdonado a cada uno, por cada recuerdo doloroso y cada herida recibida, termine con la siguiente oración:

"Señor: Te entrego a estas personas y renuncio a buscar venganza contra ellas. Decido soltar la amargura y el enojo. Espíritu Santo, en el nombre de Jesús, te pido que sanes mis emociones dañadas y me perdones por haber guardado rencor en mi corazón. ¡Amén!"

Nota: Las oraciones de arriba solo tienen carácter ilustrativo de la forma como debe orar. Pídale al Espíritu Santo que le guíe a orar como conviene, y hágalo de todo corazón.

CONSECUENCIAS DE NO PERDONAR

Perdonar las ofensas es un mandato de Dios. Cuando no lo hacemos, pecamos contra Él. Como cualquier otro pecado, la falta de perdón también tiene sus consecuencias:

- **El Señor no perdona nuestras faltas.**

Si no perdonamos, no seremos perdonados y estaremos en desobediencia. El Señor puede pasarnos algunas faltas, especialmente cuando somos inmaduros, pero nunca nos dejará pasar la falta de perdón.

*²⁵ Y cuando estéis orando, perdonad, si tenéis algo contra alguno, para que también vuestro Padre que está en los cielos os perdone a vosotros vuestras ofensas. ²⁶ Porque si vosotros no perdonáis, tampoco vuestro Padre que está en los cielos os perdonará vuestras ofensas. **(Marcos 11:25-26)***

- **El enemigo toma ventaja en nuestra vida.**

La falta de perdón es una puerta abierta al enemigo para que entre a destruir nuestro hogar, nuestras finanzas, nuestra salud, etcétera.

*³² Entonces, llamándole su señor, le dijo: Siervo malvado, toda aquella deuda te perdoné, porque me rogaste. ³³ ¿No debías tú también tener misericordia de tu consiervo, como yo tuve misericordia de ti? **(Mateo 18:32-33)***

*¹² Y perdónanos nuestras deudas, como también nosotros perdonamos a nuestros deudores. **(Mateo 6:12)***

Muchos no pueden perdonar porque no han podido perdonarse a sí mismos su pasado.

- **Nuestras oraciones son estorbadas.**

La falta de perdón corta la comunión con Dios, y Su presencia no fluye en nosotros.

> *14 Nosotros sabemos que hemos pasado de muerte a vida, en que amamos a los hermanos. El que no ama a su hermano, permanece en muerte. 15 Todo aquel que aborrece a su hermano es homicida; y sabéis que ningún homicida tiene vida eterna permanente en él. 16 En esto hemos conocido el amor, en que él puso su vida por nosotros; también nosotros debemos poner nuestras vidas por los hermanos. **(1 Juan 3:14-16)***

El apóstol Juan nos recuerda que Jesús, Aquel que nunca cometió pecado ni hizo mal contra ninguno, entregó Su vida voluntariamente para redimirnos de nuestros pecados. Por lo tanto, no podemos guardar rencor contra nuestros hermanos, porque cuando andábamos hundidos en delitos y pecados, solo el sacrificio de Jesús pudo darnos perdón y salvación.

- **Dios no recibe nuestras ofrendas.**

Toda ofrenda a Dios es un sacrificio vivo, y Dios no puede recibir un sacrificio que viene de un corazón con falta de perdón. Esto es abominable delante de Sus ojos. La ofrenda de un corazón lleno de rencor es fuego extraño a Jehová. Algunos creyentes se preguntan por qué, si siempre diezman y ofrendan, no reciben la prosperidad de Dios. Analice su vida para saber si guarda rencor contra alguien, y eso está impidiendo que el Señor reciba sus ofrendas.

> *23 Por tanto, si traes tu ofrenda al altar, y allí te acuerdas de que tu hermano tiene algo contra ti, 24 deja allí tu ofrenda delante del altar, y anda, reconcíliate primero con tu hermano, y entonces ven y presenta tu ofrenda. **(Mateo 5:23-24)***

- **Dios nos entrega a los verdugos (demonios).**

La falta de perdón atrae a los demonios, quienes usan las ofensas recibidas para recordárselas a cada instante. Así, el resentimiento crece cada vez más, lo aleja de Dios, y corta el fluir de Su bendición. Esto tortura a la persona que no ha perdonado.

³⁴ Entonces su señor, enojado, le entregó a los verdugos, hasta que pagase todo lo que le debía. (Mateo 18:34)

En griego, verdugo significa "**atormentador**", que alude a un demonio. Si Dios lo entrega a ellos, Él es el único que puede librarle. Ahora que conoce el plan del enemigo, no lo acepte; use su autoridad en Cristo Jesús.

³⁵ Así también mi Padre celestial hará con vosotros si no perdonáis de todo corazón cada uno a su hermano sus ofensas. (Mateo 18:35)

- **Nuestra fe es anulada.**

Cuando estamos heridos resulta imposible creerle a Dios. De una fuente no pueden fluir fe y resentimiento al mismo tiempo. Por mucho que se esfuerce, crea la Palabra y la confiese, su corazón no puede actuar en fe, porque la falta de perdón bloquea su corazón y no lo deja creer.

- **El amor es anulado.**

La falta de perdón corta el fluir del amor de Dios en nosotros. Por eso, en una relación, si no se sanan las heridas, el amor de Dios no fluirá a plenitud. A veces escuchamos decir a ciertas parejas: "ya no amo más a mi esposo(a)". Sin embargo, no es que no le ama, sino que está tan herido(a), que la falta de perdón anula el amor y no lo deja manifestarse.

Quien no perdona siempre será un perdedor, y las mayores heridas no se las causará a otros sino a sí mismo.

PREGUNTAS ACERCA DEL PERDÓN.

1. ¿Cómo sabemos que hemos perdonado?

Sabemos que hemos perdonado cuando, al recordar lo que nos hicieron, ya no nos duele ni nos enoja.

2. ¿Qué debemos hacer con quienes no aceptan nuestro perdón?

Una vez que hemos pedido perdón, si la persona no nos quiere perdonar o reconocer sus faltas, ya no es problema nuestro, sino entre ella y Dios. Lo único que podemos hacer es orar.

3. ¿Qué hacer con quienes nos ofenden constantemente?

Debemos perdonarlos todas las veces que sea necesario. Jesús dijo: "hasta setenta veces siete". Además, debemos apartarnos de ellas para evitar ser heridos nuevamente.

> *²¹ Entonces se le acercó Pedro y le dijo: Señor, ¿cuántas veces perdonaré a mi hermano que peque contra mí? ¿Hasta siete? ²² Jesús le dijo: No te digo hasta siete, sino aun hasta setenta veces siete.* ***(Mateo 18:21-22)***

Recuerde que en esta vida siempre seremos heridos. Por lo mismo, tenemos que aprender a perdonar. Oro que los pasos para perdonar que hemos aprendido se hagan parte de su vida. De esta manera será una persona victoriosa, en el nombre poderoso de Jesús. Amén.

Unidad 3

PROGRAMA DE CADA UNIDAD

- **15 min** Adoración
- **1 Hora** Enseñanza
- **30 min** Ministración
- **05 min** Llamado
- **05 min** Ofrenda
- **05 min** Anuncios y despedida

TOTAL: **2 Horas**

CLASE 5

El sexo en el matrimonio

Esta enseñanza fue dada por Dios al Apóstol Guillermo Maldonado, con el fin de transformar las vidas de quienes la reciben. El maestro se debe adherir a los objetivos de la clase, enseñando el tiempo previamente establecido.

El sexo en el matrimonio

El sexo fue creado por Dios; no es un invento humano. La idea de Dios es que sea practicado entre marido y mujer, dentro de los límites del matrimonio. Tener relaciones sexuales antes del matrimonio se llama **fornicación** y es pecado ante los ojos de Dios.

*⁹ ¿No sabéis que los injustos no heredarán el reino de Dios? No erréis; ni los fornicarios, ni los idólatras, ni los adúlteros, ni los afeminados, ni los que se echan con varones, ¹⁰ ni los ladrones, ni los avaros, ni los borrachos, ni los maldicientes, ni los estafadores, heredarán el reino de Dios. **(1 Corintios 6:9-10)***

UNA VIDA SEXUAL SALUDABLE TIENE MUCHOS BENEFICIOS:

- **Procreación**

*¹ Conoció Adán a su mujer Eva, la cual concibió y dio a luz a Caín, y dijo: Por voluntad de Jehová he adquirido varón. **(Génesis 4:1)***

- **Traerá mayor unidad a una pareja casada.**

- **La pareja casada será más comprensiva y paciente el uno con el otro.**

¹⁸ Sea bendito tu manantial, y alégrate con la mujer de tu juventud, ¹⁹ como cierva amada y graciosa gacela. Sus caricias te satisfagan en todo tiempo, y en su amor recréate siempre.
(Proverbios 5:18-19)

*² ¡Oh, si él me besara con besos de su boca! Porque mejores son tus amores que el vino. **(Cantares 1:2)***

¿ESTÁ BIEN NEGARSE SEXUALMENTE A SU CÓNYUGE? ¡NO!

³ El marido cumpla con la mujer el deber conyugal, y asimismo la mujer con el marido. ⁴ La mujer no tiene potestad sobre su propio cuerpo, sino el marido; ni tampoco tiene el marido potestad sobre su propio cuerpo, sino la mujer. ⁵ No os neguéis el uno al otro, a no ser por algún tiempo de mutuo consentimiento, para ocuparos sosegadamente en la oración; y volved a juntaros en uno, para que no os tiente Satanás a causa de vuestra incontinencia.
(1 Corintios 7:3-5)

¿CUÁLES SON LOS MAYORES OBSTÁCULOS QUE IMPIDEN QUE LA ESPOSA DISFRUTE EL SEXO?

- Falta de conexión emocional con su esposo.

  No sentirse amada ni segura (para la mujer esta es una necesidad básica).

- Egoísmo.

  Cuando el marido sólo busca su satisfacción personal su esposa no disfrutará el sexo.

- Frigidez sexual.

  La frigidez sexual en un hombre o una mujer es tan destructiva para la familia, como la lujuria o la lascivia. En ocasiones, estos operan simultáneamente en el hogar, provocando ruptura en la mayoría de familias si no se trata adecuadamente.

¿QUÉ CAUSA LA FRIGIDEZ SEXUAL?

- El abuso sexual del pasado
- La fatiga física y emocional
- La imagen corporal negativa o la negligencia en la apariencia física.
- La musculatura vaginal débil
- La insatisfacción sexual

¿CUÁLES SON LOS MAYORES OBSTÁCULOS PARA LOS HOMBRES EN SU SEXUALIDAD?

- La impotencia sexual
- La eyaculación prematura

Algunos consejos que ayudarán a los hombres a disfrutar de la intimidad sexual con sus esposas:

- Aprenda a conocer su cuerpo y el de su esposa.
- Busque siempre satisfacer primero a su esposa y después usted.
- Recuerde que la mujer debe ser estimulada.

   Intente acariciarla, use palabras dulces, sea tierno y recuerde tomar su tiempo. Ella no tiene prisa y usted tampoco debe apresurarse.

- Ame a su esposa como la persona que es, no como un objeto sexual.

   Un hombre gana el afecto de su mujer cuando la ama como persona.

- Prepare el ambiente con su esposa desde el comienzo del día.

   Esto le ayudará a responder de manera positiva por la noche.

- Use palabras que sanen el corazón de su esposa.

   Hágala sentir apreciada y linda. Demuéstrele que la encuentra atractiva y que la necesita. Siempre mantenga una línea de comunicación abierta.

- Conéctese con ella a un nivel emocional profundo.

   Cuando el hombre hace estas cosas, la mujer responde al acto sexual positivamente.

Consejos que ayudarán a la mujer a disfrutar la intimidad sexual con su marido:

- Tenga una actitud correcta hacia el sexo. Comprenda las necesidades de su marido y esté dispuesta a satisfacerlas.
- Cuide su apariencia personal.

Use maquillaje moderado, tenga buenos hábitos de higiene y siempre luzca femenina.

- Recuerde que su marido se estimula por la vista.

- No tome una actitud pasiva con su esposo cuando va al acto sexual, sino correspóndale apropiadamente.

Si después de intentar todo para buscar la satisfacción sexual aún no se siente realizada, pida al Espíritu Santo que la ayude. Él le dará gracia y poder para lograrlo, porque es la voluntad de Dios que las parejas disfruten del sexo en el matrimonio.

También puede buscar la ayuda de un experto en el tema.

PREGUNTAS SOBRE EL SEXO EN EL MATRIMONIO:

1. ¿Es permitido por Dios, el sexo anal y oral en la relación sexual?

^{4} Honroso sea en todos el matrimonio, y el lecho sin mancilla; pero a los fornicarios y a los adúlteros los juzgará Dios. **(Hebreos 13:4)**

La Biblia no menciona directamente el sexo anal u oral. Sin embargo, nuestro lecho conyugal debe mantenerse libre de inmoralidad sexual. Por ejemplo:

- Pornografía
- Orgías
- Sado masoquismo
- Relaciones sexuales forzadas
- Cualquier otro tipo de perversión sexual.

Nunca debe obligar a su esposo o esposa a participar en una actividad sexual con la que no se siente cómodo(a). Ambos cónyuges deben estar de acuerdo y alejar de su lecho matrimonial toda forma de contaminación.

2. ¿Está permitido el sexo durante el ciclo menstrual?

^{19} Y no llegarás a la mujer para descubrir su desnudez mientras esté en su impureza menstrual. **(Levítico 18:19)**

Es mejor evitar la actividad sexual durante el ciclo menstrual de la mujer, pero ambos cónyuges deben estar de acuerdo.

3. ¿Está permitido el sexo durante el embarazo?

   Sí, está permitido. Incluso es recomendado por los médicos. Sin embargo, asegúrese de no causar molestias a su cónyuge.

4. ¿Se puede utilizar el sexo como arma para manipular y controlar al cónyuge?

   Nunca. Esto podría llevar al adulterio e incluso al divorcio.

   Adulterio es la relación sexual voluntaria entre una persona casada y otra que no sea su cónyuge.

   *⁵ No os neguéis el uno al otro, a no ser por algún tiempo de mutuo consentimiento, para ocuparos sosegadamente en la oración; y volved a juntaros en uno, para que no os tiente Satanás a causa de vuestra incontinencia. **(1 Corintios 7:5)***

5. ¿Puede un hombre o una mujer cometer adulterio con sus pensamientos?

   *²⁸ Pero yo os digo que cualquiera que mira a una mujer para codiciarla, ya adulteró con ella en su corazón. **(Mateo 5:28)***

   ¡Sí! Debemos tener mucho cuidado con nuestros pensamientos y los deseos de nuestro corazón. Toda tentación debe ser llevada cautiva a la obediencia de Cristo.

   *⁴ Porque las armas de nuestra milicia no son carnales, sino poderosas en Dios para la destrucción de fortalezas, ⁵ derribando argumentos y toda altivez que se levanta contra el conocimiento de Dios, y llevando cautivo todo pensamiento a la obediencia a Cristo, ⁶ y estando prontos para castigar toda desobediencia, cuando vuestra obediencia sea perfecta. **(2 Corintios 10:4-6)***

Maestro:

> ➢ Si hay tiempo, permita unos minutos de preguntas y respuestas. Si no está seguro de la respuesta a una pregunta, pídale a la persona que hable con usted después de la clase. Invite al director del Departamento de Familia a participar en la conversación.

> ➢ No responda preguntas en base a su propia opinión. Todas las respuestas deben tener sustento bíblico.

ACTIVACIÓN

1. Lleve al pueblo a arrepentirse de todo pecado sexual en sus vidas.

2. Lleve al pueblo a renunciar a la iniquidad e inmoralidad sexual, y toda forma de pecado sexual en sus vidas, o en su línea sanguínea (fornicación, adulterio, pornografía, perversión sexual, masturbación, etc.).

3. Haga un llamado a los que han sido abusados sexualmente, violados o han sufrido cualquier tipo de trauma sexual. Ministre sanidad interior a esas personas a través del amor de Dios.

4. Ore para que Dios renueve la mente del pueblo (Romanos 12:2).

5. Ore por aquellos que aún no están casados. Guíelos en una oración de compromiso a permanecer en abstinencia hasta que se casen. Declare la gracia de Dios sobre ellos para que huyan de la inmoralidad y se guarden para su futuro cónyuge.

6. Ore para que cada pareja casada tenga relaciones sexuales saludables.

7. Continúe ministrando según el Espíritu lo guíe.

Unidad 4

PROGRAMA DE CADA UNIDAD

- **15 min** Adoración
- **1 Hora** Enseñanza
- **30 min** Ministración
- **05 min** Llamado
- **05 min** Ofrenda
- **05 min** Anuncios y despedida

TOTAL: **2 Horas**

CLASE 6

La comunicación y la amistad

Esta enseñanza fue dada por Dios al Apóstol Guillermo Maldonado, con el fin de transformar las vidas de quienes la reciben. El maestro se debe adherir a los objetivos de la clase, enseñando el tiempo previamente establecido.

La comunicación y la amistad

Cuando le preguntamos a las parejas acerca de sus problemas matrimoniales, encontramos que la falta de comunicación es uno de los más grandes. En términos radiales, es como si uno estuviera hablando por AM y el otro por FM. Por tal motivo, debemos sintonizarnos como parejas hasta conseguir quedar en la misma frecuencia para llegar a un entendimiento pleno. La comunicación es la base principal para entenderse mutuamente en cualquier relación.

*²⁹ Ninguna palabra corrompida salga de vuestra boca, sino la que sea buena para la necesaria edificación, a fin de dar gracia a los oyentes. **(Efesios 4:29)***

¿QUÉ ES LA COMUNICACIÓN?

Es un intercambio de vida, dentro del cual debe haber transparencia, impartición y transferencia. Comunicar es hacer partícipe a otros de lo que uno conoce o tiene; es compartir lo que uno piensa y siente. Si no existiera la comunicación, sería imposible vivir dentro de una sociedad. La comunicación requiere siempre que uno hable y el otro escuche y viceversa. Recuerde que así como a usted le gusta que lo escuchen, y se siente apreciado de esta manera, a su cónyuge y a sus amigos también les gusta ser escuchados.

TRES PRINCIPIOS BÁSICOS PARA TENER BUENA COMUNICACIÓN

1. "Mírame" quién soy.

2. "Escúchame" para que me entiendas.

*¹⁹ Por esto, mis amados hermanos, todo hombre sea pronto para oír, tardo para hablar, tardo para airarse... **(Santiago 1:19)***

> *Hablar antes de oír es una falta de sabiduría y de respeto.*

¹³ Al que responde palabra antes de oír, le es fatuidad y oprobio. **(Proverbios 18:13)**

Aprender a escuchar a otros nos ayuda a:

- Entender a otras personas.
- Desahogar los problemas.
- Ayudar efectivamente.

La comunicación entre hombres y mujeres

- El hombre por naturaleza es menos comunicativo que la mujer.
- El hombre habla de 10 mil a 15 mil palabras por día.
- La mujer habla de 25 mil a 50 mil palabras por día. Ellas se expresan hablando.

3. **"Conóceme" para que me ames y yo te ame.**

¿Qué debemos conocer de nuestra pareja para desarrollar una comunicación efectiva?

- **Su temperamento o personalidad.**

  - COLÉRICO: Disfruta los proyectos, es visionario (genio vivo y voluntad fuerte).
  - SANGUÍNEO: Le gusta estar entre la gente (por lo general no piensa antes de hablar).
  - FLEMÁTICO: Le gusta estar solo (toma la vida con tranquilidad).
  - MELANCÓLICO: Le gusta salir y disfrutar de la naturaleza (es perfeccionista, emocional, e hipersensible).

- **Su lenguaje de amor (qué la hace feliz).**

  Hay diferentes leguajes de amor:

  - Tiempo de calidad
  - Servicio
  - Toque físico
  - Conversar
  - Regalos
  - Flores
  - Admiración
  - Ir de compras
  - Ver un video
  - Deporte
  - Palabras de admiración
  - Disposición

  ¿Cuál es el lenguaje de amor de su cónyuge, sus hijos, su pastor, su líder, su amigo, su mentor? ¿Qué les hace feliz?

- **Su llamado.**

  Si conocemos su llamado, podremos ser útiles en la vida de nuestra pareja y participar de todo lo que emprende.

¿CÓMO DESARROLLAR UNA RELACIÓN DE AMISTAD CON SU CÓNYUGE?

1. Compartiendo tiempo de calidad estando juntos, comiendo juntos y haciendo todas las cosas de mutuo acuerdo.

2. Teniendo una comunicación abierta, transparente y honesta.

   Estas son algunas normas básicas para comunicarse correctamente:

   - Nunca le diga a nadie las cosas que su esposo(a) le comunica en privado.

   - No interrumpa ni se precipite a sacar conclusiones con respecto a lo que él o ella dice.

   - Ambos deben reconocer que el silencio representa una reacción negativa en la pareja; la comunicación es siempre necesaria.

   - El adulterio mata a mil, pero el silencio a diez mil.

- La comunicación debe ir acompañada de contacto visual. Es importante mirarse a los ojos y expresarse con total sinceridad.

Cosas que cortan la comunicación:

- Dar un ultimátum.
- Usar palabras como: nunca, siempre y todo.
- Mantener un récord de los errores o defectos de su pareja.
- Comparar a su cónyuge con otras personas.
- Convertirse en alguien imposible de agradar.
- Hacer a su cónyuge responsable de su felicidad. Solo Jesús puede llenar nuestra vida totalmente.

3. Comprometiéndose a edificar sus vidas sobre el mismo plano.

³¿Andarán dos juntos, si no estuvieren de acuerdo? **(Amós 3:3)**

¹⁹ Otra vez os digo, que si dos de vosotros se pusieren de acuerdo en la tierra acerca de cualquiera cosa que pidieren, les será hecho por mi Padre que está en los cielos. **(Mateo 18:19)**

La frase **de acuerdo** deriva de la palabra **sinfonía**, que significa sonar al unísono, al mismo tiempo, estar en armonía.

4. Mirando siempre las virtudes, lo bueno en su cónyuge.

5. Para llegar a ser amigo de una persona, tiene que mostrarse amigo.

²⁴ El hombre que tiene amigos ha de mostrarse amigo; y amigo hay más unido que un hermano. **(Proverbios 18:24)**

ACTIVACIÓN

Hagan el compromiso de estar dispuestos a escucharse el uno al otro, sin ofenderse, defenderse ni justificarse, y a hacer ajustes cuando sea necesario.

TAREA

1. Cada uno haga una lista de los cambios que le gustaría que su cónyuge hiciera.

2. Intercambien sus listas.

3. Oren juntos para que Dios les dé la gracia y el favor para lograr esos cambios.

CLASE 7

El amor de Dios

Esta enseñanza fue dada por Dios al Apóstol Guillermo Maldonado, con el fin de transformar las vidas de quienes la reciben. El maestro se debe adherir a los objetivos de la clase, enseñando el tiempo previamente establecido.

El amor de Dios

A menudo he oído esta expresión en el pueblo de Dios: *"Si no siento amar a esa persona no lo haré, porque yo no soy hipócrita".*

Generalmente la usan para expresar: "Yo elijo a quien amo". Pero ellos se están refiriendo al amor humano o carnal; no al amor de Dios. Porque el amor de Dios no se basa en sentimientos sino que es un mandato divino.

HAY DÉFICIT DEL AMOR DE DIOS.

La iglesia es muy rápida para juzgar, criticar y rechazar a quienes fallan; a tal punto, que se apuran a darles el tiro de gracia. Por eso vemos cantidad de creyentes que viven en temor por la falta del verdadero amor. La acusación más frecuente que escuchamos es que la iglesia de hoy carece de amor. Por eso hay tanto dolor, falta de perdón, contiendas y ofensas.

ALGUNOS ASPECTOS DEL AMOR.

- **El amor es el mensaje original desde el principio.**

    ¹⁰ En esto se manifiestan los hijos de Dios, y los hijos del diablo: todo aquel que no hace justicia, y que no ama a su hermano, no es de Dios. ¹¹ Porque este es el mensaje que habéis oído desde el principio: Que nos amemos unos a otros. (**1 Juan 3:10-11**)

    Si la iglesia de Cristo recibiera el mensaje del amor de Dios, los pastores no tendrían que predicar el noventa por ciento de las cosas que hoy predican debido a la falta de amor. Si nos amáramos unos a otros, no tendríamos tiempo para criticar a los demás.

    Nota: La intención original de Dios es el mensaje del amor.

- **El primer atributo de Dios que el hombre manifiesta es el amor.**
- **Ninguna otra religión resalta el amor de su dios.**
- **El amor es el mandamiento original dado a los hombres.**
- **El amor ya existía antes de la creación.**

¿QUÉ ES UNA ORDEN O MANDAMIENTO?

Orden: es la verbalización de un decreto.

Mandamiento: es una ley o decreto escrito que exige cumplimiento.

³⁴ Un mandamiento nuevo os doy: Que os améis unos a otros; como yo os he amado, que también os améis unos a otros. ³⁵ En esto conocerán todos que sois mis discípulos, si tuviereis amor los unos con los otros. (Juan 13:34-35)

- Todo mandamiento divino está basado en la intención original de Dios.
- Un mandamiento siempre se debe cumplir.
- Ninguna situación está apartado del amor de Dios.
- Cuando Dios nos dice que obedezcamos un mandamiento no hay opción ni plan B.
- Todos los mandamientos de Dios corresponden a los atributos de Dios.
- Todos los mandamientos de Dios son eternos.
- Una orden no tiene sentimientos, solo debe obedecerse.
- Los mandamientos de Dios son irrevocables e irreversibles.
- Cuando Dios da un mandamiento es porque allí está Su prioridad.
- Un mandamiento no es una elección, opción o sugerencia.
- En un mandamiento de amor usted no tiene otro derecho, sino amar.

¿CUÁLES SON LAS OPCIONES?

- Ámense unos a otros y sean obedientes.

- Ódiense unos a otros y sean desobedientes.

¹⁴ Nosotros sabemos que hemos pasado de muerte a vida, en que amamos a los hermanos. El que no ama a su hermano, permanece en muerte. ¹⁵ Todo aquel que aborrece a su hermano es homicida; y sabéis que ningún homicida tiene vida eterna permanente en él. **(1 Juan 3:14-15)**

¿PODEMOS MANTENER EL MANDAMIENTO DEL AMOR?

A. **Dios nunca nos pide hacer algo** cuando no nos ha dado la gracia para hacerlo.

⁵ Y la esperanza no avergüenza; porque el amor de Dios ha sido derramado en nuestros corazones por el Espíritu Santo que nos fue dado. **(Romanos 5:5)**

No tenemos excusa para no amar, porque el amor sobrenatural de Dios ha sido derramado en nuestros corazones.

B. **Debemos tener amor antes de dar amor.**

¹⁹ Nosotros le amamos a él, porque él nos amó primero. **(1 Juan 4:19)**

C. **Amamos a Dios porque Él nos amó primero**, cuando estábamos en nuestra peor condición de pecadores. Hoy podemos presumir de lo mucho que amamos a Dios y regocijarnos por lo mucho que Él nos ama.

Nota: El propósito mayor del amor es amar a Dios primero.

³⁷ Jesús le dijo: Amarás al Señor tu Dios con todo tu corazón, y con toda tu alma, y con toda tu mente. ³⁸ Este es el primero y grande mandamiento. ³⁹ Y el segundo es semejante: Amarás a tu prójimo como a ti mismo. ⁴⁰ De estos dos mandamientos depende toda la ley y los profetas. **(Mateo 22:37-40)**

D. **El amor tiene que ser interno** antes de ser externo.

Es difícil aceptar amor si nunca lo tuviste. Es difícil dar amor si nunca lo recibiste. Este es el problema principal en la iglesia y la familia.

E. **No podemos amar a la gente** hasta que amemos a Dios

Este es el secreto: Cuando amas a Dios, Él te da amor para que empieces a amar y ver a la gente como Él la ama y la ve.

Nota: Cuando una persona ha sido herida es posible que rechace el amor de Dios.

- Usted debe saber que es amado para amar.
- La razón por la que no ama es porque no sabe que es amado.
- No puede dar lo que no tiene.

F. **El amor de Dios debe ser demostrado.**

^{16} En esto hemos conocido el amor, en que él puso su vida por nosotros; también nosotros debemos poner nuestras vidas por los hermanos. ^{17} Pero el que tiene bienes de este mundo y ve a su hermano tener necesidad, y cierra contra él su corazón, ¿cómo mora el amor de Dios en él? (1 Juan 3:16-17)

Cualquier verdad invisible tiene que tener una manifestación visible en la dimensión física.

Nota: El amor no puede ser asumido, sino que debe ser expresado.

- El esposo a la esposa.
- Jesús le preguntó a Pedro, "¿Me amas?

Todos los días debemos decirle a Dios y a las personas que las amamos.

G. **El amor mantiene sus mandamientos.**

Nota: La evidencia de que amamos a Dios es que guardamos y obedecemos Sus órdenes.

^{5} Pero el que guarda su palabra, en este verdaderamente el amor de Dios se ha perfeccionado; por esto sabemos que estamos en él. ^{6} El que dice que permanece en él, debe andar como él anduvo. ^{7} Hermanos, no os escribo mandamiento nuevo, sino el mandamiento antiguo que habéis tenido desde el principio; este mandamiento antiguo es la palabra que habéis oído desde el principio. (1 Juan 2:5-7)

Si amamos a Dios debemos guardar Sus mandamientos y Su palabra. No podemos decir que amamos a Dios y violamos Su palabra y Sus mandamientos.

Nota: El amor siempre quiere agradar a Dios.

Si el Pastor tiene que enseñarle varios sermones para que obedezca, sirva u ore, entonces usted no ama a Dios.

Nota: Cuando hay falta de amor habrá falta de voluntad para obedecer Su palabra. Entonces, los pastores tienen que apelar a la razón porque no hay amor en su corazón.

Usted expondrá muchas razones por las que no ora, no sirve, no da, no alaba, no obedece, no se compromete ni evangeliza.

Nota: Usted no necesita una razón para obedecer la palabra de Dios y Sus mandamientos.

Si necesitara una razón para amar a Dios, obedecer Su palabra y amar a la gente, eso no sería un mandamiento sino una opción.

Si la razón por la que ama a su Pastor es porque él es bueno con usted, el día que él no sea bueno ya no lo amará más.

Nota: El amor lo reconoce por quien usted es: un(a) hijo(a) de Dios.

Si vive lleno del amor de Dios, nunca tendrá un doble falso.

Mi deseo de amar a Dios, de obedecer Su Palabra y Sus mandamientos, y de amar al pueblo, provienen de mi amor por Dios.

ACTIVACIÓN:

- Usted debe **creer** en el amor de Dios

- Usted debe **aceptar** el amor de Dios

- Usted debe conocer y **experimentar** el amor de Dios

- Usted debe **recibir** el amor de Dios

- No puede recibir amor si se siente indigno. **¡El amor de Dios nos hace dignos!**

Bibliografía

Biblia de estudio Arco Iris, Versión Reina Valera, Revisión 1960, Texto bíblico Copyright 1960, Sociedades Bíblicas e América Latina, Nashville, Tennessee, ISBN: 1-55819-555-6

Biblia Plenitud. 1960 Reina-Valera Revisión, ISBN: 089922279X, Editorial Caribe, Miami FL.

Diccionario Español a Inglés, Inglés a Español. Editorial Larousse S.A., impreso en Dinamarca, Num81, México, ISBN: 2-03-420200-7, ISBN: 70-607-371-X1993.

El pequeño Larousse Ilustrado. 2002 Spes Editorial, S.L. Barcelona; Ediciones Larousse, S.A. de C.V. México, D.F. ISBN: 970-22-0020-2.

Expanded Edition the Amplified Bible. Zondervan Bible Publisher. ISBN: 0-31095168-2, 1987- Lokman Foundation USA.

Guillermo Maldonado. *Sanidad Interior y Liberación* edición 2006, ERJ publicaciones, Miami, FL. 33186. ISBN: 1-59272-002-1

Reina Valera 1960 Edición de Estudio, (Estados Unidos de América: Sociedades Bíblicas Unidas)1998.

Strong James, LL. D, S.T. D; *Concordancia Strong exhaustiva de la Biblia,* Editorial Caribe, Inc., Thomas Nelson, INC, Publishers, Nashville, TN-Miami, FL, EE.UU. 2002. ISBN: 0-89-922-382-6.

The New American Standard Version. Zondervan Publishing Company ISBN: 0310903335.

The Tormont Webster's Illustrated Encyclopedic Dictionary, c1990 Tormont Publications.

Vine, W.E. Diccionario Expositivo de las palabras del Antiguo Testamento y Nuevo Testamento. Editorial Caribe, Inc. Division Thomas Nelson, Inc., Nashville TN, ISBN: 0-89922-495-4, 1999

Word, Lock A, *Nuevo Diccionario de la Biblia.* Editorial Unilit: Miami, FL. ISBN:0-7899-0217-6, 1999.

Para ver el catálogo completo de libros, manuales y prédicas del apóstol Guillermo Maldonado,
en inglés y español, o comprar directamente de la casa editorial:

ventas@elreyjesus.org

www.shop.KingJesus.org

Ministerio Internacional El Rey Jesús

14100 SW 144 Ave. Miami, FL 33186

(305) 382-3171

www.ingramcontent.com/pod-product-compliance
Lightning Source LLC
LaVergne TN
LVHW061315060426
835507LV00019B/2168